LE SOLEIL SE COUCHE A MIDI

Judith Berthaud Collin, R.N., B.S.N., O.C.N,

(Mafi Colbert)

Préface

Ce livre illustre la fragilité écologique d'un territoire où une simple averse peut exposer au grand jour la vulnérabilité de la campagne et des quartiers nantis de la ville. Au fond de ce tableau se déroule le drame d'une famille frappée de plein fouet par le désastre et rudement éprouvée par une maladie contagieuse mettant en péril la vie de toute une génération.

L'auteur, Judith Collin Berthaud (Mafi Colbert) émigra d'Haïti aux Etats-Unis d'Amérique. Après une carrière dans la diplomatie, elle décrocha avec honneur son grade de « Bachelor in Nursing Sciences » (B.S,) à New York University, N.Y. Depuis environ quatorze années, elle s'est établie dans le Tennessee et continue à pratiquer sa profession médicale. En guise de son premier recueil, elle vous offre ce bouquet de vers libres.

Les photos de couverture sont l'œuvre de Vladimir Berthaud.

LE SOLEIL SE COUCHE A MIDI

Judith Collin Berthaud

Dédicace

Je dédie ces lignes à mes chers parents,

Colonel Jean Collin et Madame Bernadette Collin, qui m'ont inculqué

Les clefs de la confiance en soi

En puisant la force de combat dans le Dieu Suprême et Eternel,

A mon époux chéri, Vladimir Berthaud, pilier incontestable de ce bouquin

Et avec qui je partage la devise « Excelsior»,

A mes fils bien-aimés, Jimmy et Jonathan,

A qui je dis: courage et persévérance,

A mes sœurs, Yanick, Magguy, Gina, Marjory,

Mon frère Jean-Bernard,

Et ma belle-sœur Marise Berthaud Clermont,

Pour leur soutien sans relâche dans ce projet,

A la douloureuse mémoire de mon très regretté neveu,

Osner Févry Jr., alias Nicko,

Dont la Muse s'est tue beaucoup trop tôt,

A tous ceux qui m'ont inspirée, de près ou de loin,

Mes amours!

Judith Collin Berthaud (Mafi Colbert), Brentwood, Tennessee, Septembre 2015

I

Une pluie ardente a pilonné le village pendant toute la nuit.

Plus loin, on entend le ronflement effarant de la rivière

Qui se dégonfle sur ses berges.

Le jour se lève timidement.

La rosée ruisselle généreusement sur les manguiers.

Un à un, les corbeaux déploient leurs ailes.

Entre cocorico et caquetage,

Mugissement et hennissement,

Petit à petit, les habitants se réveillent.

Le tintamarre matinal des crieurs ambulants perce les tympans.

Parmi eux, le vendeur de billets de loterie

Jouit d'une enviable notoriété pour ses égosillements forcenés.

Coqs et poules se battent pour le même grain de maïs,

Vaches et chevaux pour le même brin de paille.

Jour après jour, les convives vont se régaler des filets mijotés,

Tirés du bétail et de la volaille.

Dès la pointe du jour, les vendeuses

Descendent des collines pour se rendre au marché du village

Et s'assurer la place idéale où exhiber leurs récoltes.

Tout au long de la route, elles entonnent

A l'unisson les rituels refrains

En l'honneur de leurs divers produits,

Café, légumes, riz, maïs, fruits, pois, cacao,

Et elles marquent la cadence au bruit de leurs pas.

Arrivées au marché, elles redoublent de courage et

S'apprêtent à affronter une journée foisonnée d'histoires.

II

Loin des collines escarpées,

Là où l'ilang-ilang et le jasmin de nuit

Parfument les sentiers tortueux et ténébreux,

Où les bougainvilliers serpentent les murs lézardés des maisons,

S'étale le village, Ladouceur,

Au cœur de la plaine,

Sur cinq kilomètres carrés,

A trois heures de la mer.

La propriété de la famille Beaujour s'étend sur deux carreaux.

Ses plantations regorgent de manguiers, de cocotiers,

De citronniers, et d'avocatiers.

La renommée de ces fruits très prisés en ville

Assure le gagne-pain de la famille.

Au milieu, une guildive délaissée et un moulin désuet

Lui confèrent un cachet de plantation coloniale.

Entre temps, Delphine, la cadette, s'étire à plat ventre sur son lit.

Le concert des marchandes pénètre mollement ses oreilles.

A travers la fenêtre entrouverte, les lueurs feutrées du soleil

Caressent son visage

Avant de se dissiper dans la sombre clarté de la chambre.

III

Delphine vit avec ses parents, deux sœurs, un frère ainé,

Deux tantes, deux oncles, et sept cousins.

Il fait bon vivre à Ladouceur.

N'importe quel chef de famille peut exercer

Sur la colonie des enfants

Une autorité sans borne,

Avec l'assentiment unanime des parents.

Qu'il s'agisse de réprimande ou de raclée,

La sanction est toujours ratifiée.

Dans le fond, le village respire paix et douceur.

Les familles partagent repas et récoltes,

Joies et chagrins,

Privilèges et responsabilités.

Quant aux enfants,

Promenades, baignades, vaudevilles,

Ou encore, relaxation à la belle étoile,

Animent leur cadre récréatif.

Ils se congréent dans leur propre club et s'en servent de tremplin

A leurs divertissements.

Au dire des parents,

Ces saines détentes engendrent l'éclosion

Et l'épanouissement des talents

Et cimentent les liens familiaux.

IV

Le matin au réveil, les enfants s'agenouillent,

La tête baissée, les yeux mi-clos et les mains jointes

Pour prier le Seigneur.

Toutefois, la gourmandise ronge et appauvrit leur dévotion,

Car l'odeur succulente des omelettes, du chocolat et des tartines

Accapare leur attention.

Sitôt prononcé le « Amen », ils cavalcadent vers la salle à manger

Exiguë dans laquelle se coincent six petites chaises

Autour d'une table dérisoire.

Pour contrecarrer cette inconvenance,

Le frère ainé, Grandfils,

Prend l'habitude de se réveiller très tôt pour en subtiliser une

Qu'il cache derrière l'armoire.

Quant à la benjamine, Amantine, ses courtes jambes

Trahissent toujours sa précipitation.

Fort heureusement, sa maman lui cède volontiers la place.

La plupart des aliments consommés

Proviennent du village et de ses environs.

Ces produits agricoles regorgent de fraicheur et de saveur

Et procurent mille délices aux palais les plus raffinés.

A la fin de chaque repas,

Aucune assiette

Ne compte miette.

V

De temps à autre, le club s'adonne à des excursions matinales

A la plage, sous l'œil vigilant des oncles et tantes.

Lors de ces randonnées, les enfants restent éveillés toute la nuit,

Par peur de rater le départ de la camionnette,

Fixé à six heures du matin.

Aussitôt démarrée, ils entament leurs chants favoris,

Entrecoupés de cric-crac, devinettes et blagues.

Ils se débordent à cœur joie.

A mi-chemin, les passagers s'arrêtent

Pour se dégourdir les jambes et casser la croûte.

Même ceux qui n'ont rien apporté peuvent déguster

Un morceau de pain, un carré de fromage, de la confiture,

Une mangue ou une grappe de quenêpes.

Arrivés sur la plage, chacun revêt son maillot de bain

Et s'apprête à se mouiller.

Dans un branle-bas carnavalesque, les garçons se bousculent,

Brandissent leurs pistolets à eau,

Plongent et replongent dans la mer.

Ils ne demandent pas mieux.

Puis, quand vient le signal du dîner, tous s'agglutinent

Autour de la mangeaille sous les amandiers.

Pendant ce temps, la radio émet une musique pétillante

Qui sème les fourmis dans les jambes.

Le repas consommé, la marmaille partage le reste du temps

Entre match de football et jeux aquatiques, ce jusqu'au coup

De sifflet final intimant l'ordre de ramasser leurs cliques et claques.

Sur le chemin du retour,

Au carrefour débouchant sur la rue principale,

L'excitation atteint son paroxysme

Lorsque la troupe entame son morceau favori:

« C'est si bon de revivre quand on revoit

Le toit

De la maison où bouillonne la joie!

Bonsoir, chers amis, et nous voilà! »

VI

A l'accoutumée, après le dîner,

Les enfants se déferlent

Vers la rivière.

La baignade leur offre une superbe occasion

De s'amuser et de discuter leur calendrier de vacances.

En dernier ressort,

Il incombe à tante Pétula,

Femme trapue et curviligne,

Aux yeux flamboyants

Et aux gestes vifs,

De donner le feu vert.

Ainsi, elle consolide son contrôle absolu

Sur ces activités en racontant maintes légendes,

Comme celle d'une rivière

Hantée par le « Maitre d'Eau »

Qui engloutissait tous ceux qui osaient s'y tremper.

Elle relate aussi la mésaventure de Cléon,

Fils unique d'un menuisier

Du quartier.

Un jour, il lançait des cailloux à ricochet dans la rivière.

Brusquement, il tomba dans l'eau et fut emporté par le courant.

Cléon commençait à avaler de larges gorgées

Et se serait vite noyé et englouti,

N'était-ce l'intervention opportune de Francineau.

Sans une lueur d'hésitation,

Sans revêtir son maillot de bain,

Celui-ci plongea dans l'eau

Et arracha le bambin des gouffres de la mort.

Dès lors, personne ne le considérait plus

Comme un détraqué et désœuvré.

Il devint si respecté

Que les passants se bousculèrent devant lui

Pour dire bonjour, bonsoir, bonne nuit,

A demain si Dieu veut, et merci.

Francineau leur répondit

En tirant la révérence avec son chapeau de paille.

VII

Au crépuscule de l'été,

Les enfants vont solliciter le concours des adultes

Pour orchestrer une foire culturelle

Agrémentée de juteuses comédies,

De chansons et danses folkloriques multicolores

Et de vibrantes poésies.

Fleuriot, le père de la famille Beaujour,

Dresse le scenario de circonstance.

Sa femme, Mariette, rafistole les costumes et raffine le décor.

Tante Agathe et Tante Pétula sélectionnent les acteurs en herbe.

Le clou de la soirée dominicale,

Demeure sans conteste la rafle de prix alléchants tels que

Jouets artisanaux, stylos à billes,

Crayons, ardoises, rubans, et barrettes.

Parmi eux, Clara, la grande poupée de porcelaine,

Sortie de sa boîte et placée au centre

D'une table recouverte d'une nappe blanche brodée,

Décroche la palme.

Chaque participant doit payer un billet

Au coût de dix, vingt ou cinquante centimes.

Dans une boîte en fer blanc,

Il insère sa pièce de monnaie

A travers une fente à peine plus large

Qu'une pièce de deux « goudins ».

Ensuite, il prélève au fond d'une boîte en carton,

Un petit morceau de papier méticuleusement enroulé

Dans lequel est inscrit le prix gagné.

Seul absent, le nom de Clara !

En effet, elle sert seulement d'attrape-nigaud.

Au cours des présentations théâtrales,

Les parents se réservent les places d'honneur

En première loge,

Une autre façon de renflouer la caisse

Des enfants.

Chaque parent se targue sans cesse des prouesses

De sa progéniture

Pour qui il caresse des rêves grandioses.

VIII

Trois mois écoulés, de nouvelles vacances!

Les stations de radio entonnent

Les airs de Noël à longueur de journée.

La maison des Beaujour, clairsement décorée,

Reflète l'ambiance festive.

La traditionnelle tournée en ville avec oncle Fribon

Symbolise l'apothéose des vacances de Noël.

Ce périple aboutit sur la pelouse du parc

Où doit se dérouler la distribution de cadeaux.

Garçons et filles se tiennent en file indienne.

Une heure plus tard, un tonnerre d'applaudissements

Retentit pour accueillir

Une dame élancée et coquette,

Au sourire éclatant, de blanc vêtue,

Et coiffée d'un sombrero jaune,

Cerné de fleurs bigarrées.

On dirait un cygne fraîchement émergé du lac.

Elle semble prendre un temps infini

Quand elle tourne la tête pour jeter

Son regard sur les deux tables garnies de jouets,

Comme pour s'assurer que tout était archi-prêt.

L'attente dure si longtemps que Delphine tombe de vertige

Pendant quelque secondes.

Quand elle arrive à la tête du peloton, ses yeux se perdent

Devant la montagne de présents.

Un à un, les enfants pénètrent dans

La « Tente Magique du Père Noël »,

La « bouche bée» et les yeux hagards.

Jamais ils n'auraient imaginé une si colossale pile d'étrennes:

Révolvers à feu, à capsules et à eau,

Ballons, voitures électriques,

Maisons préfabriquées, poupées en porcelaine,

Tasses et soucoupes, ours en peluche,

Robes, barrettes et rubans,

Souliers en cuir, sandales, chaussettes, et pantalons,

Surettes, gommes à mâcher, paquets de caramel, etc...

Au milieu de la tente est planté un sapin de Noël

De douze pieds de hauteur,

Parsemé de boules dorées, de guirlandes rouges

Et de lumières taillées en père Noël.

Devant le sapin, se dresse

Une grande crèche, accostée d'énormes boîtes

Impeccablement enveloppées

Et que personne n'ose toucher.

De géants haut-parleurs placés de part et d'autre de la tente

Diffusent les chansons favorites et agrémentent la cérémonie.

Delphine est très familière avec cette voix agréable

Mais elle ignore le nom du chanteur.

Dès les premières notes, elle entend

Une dame chuchoter: « Oh ! Tino Rossi ! ».

Aussitôt, elle se retourne vers son oncle qui acquiesce de la tête.

Ensuite, elle contourne le sapin.

Les lèvres serrées et les doigts crispés,

Elle implore le Petit Jésus, couché dans sa crèche,

Espérant ainsi recevoir le cadeau le plus convoité par les filles,

Une poupée de porcelaine.

L'attente lui serre le cou.

Elle s'empresse à un train d'escargot.

Son tour arrive finalement.

Elle tend les bras et ouvre largement ses petites mains.

La gentille dame y dépose en toute sérénité

Une boîte bien cachetée.

Très rapidement, oncle Fribon soulage ses mains chancelantes.

Ensuite, Delphine murmure quelques mots de remerciements

Et cède sa place.

Ainsi ravit-elle sa première poupée de porcelaine

Qu'elle nomme « Clara ».

Arrivée à la maison, elle veille toute la nuit.

De temps à autre, elle déambule en tâtonnant.

Elle effleure la poupée

Pour se convaincre qu'on ne l'a pas volée.

Clara a la peau rose et les cheveux lisses.

Elle sent bon.

Elle est d'ailleurs, pense Delphine.

Elle se rappelle ce que lui disait oncle Fribon:

Ta poupée est « blanche », originaire du pays des « blancs. »

Delphine estime que les blancs sont plutôt roses.

Peu importe, elle adore Clara.

Elle lui rappelle cet ange autrefois accolé à son carnet

Du premier trimestre

Pour honorer sa performance scolaire.

Désormais, Clara l'accompagne partout sauf à l'école et à l'église.

Elle affiche une peur incontrôlée

D'attiser la jalousie

De ses amies.

Elle s'en méfie notamment pour

Qu'elles ne lui arrachent les longs cheveux

Ou ne souillent sa robe blanche garnie de dentelles.

IX

Bientôt, une douleur foudroyante s'abat sur la famille.

Père Fleuriot, la charpente du foyer, tombe gravement malade.

Tante Pétula réitère sans cesse que cette maladie naquit

De sa liaison sournoise avec Maudeline,

Une femme issue d'une famille bourgeoise déchue.

Elle succomba à la tuberculose une année auparavant.

Comme elle, père Fleuriot émacie drastiquement.

Il mange peu et se déplace à peine.

A chaque accès de toux,

Ses poumons s'évident

Et son corps tressaille.

Les poussées de fièvre dépècent

Sa carcasse osseuse et sa mince couche de chair.

Le soir, il se douche de sueurs froides

Avant de s'affaisser dans ses guenilles.

Aller au balcon ou à la salle à manger

Devient pour lui un périlleux risque.

Il n'a aucune énergie pour s'appuyer sur une canne

Ou se soutenir dans les bras d'un proche.

Les mille et un gestes attentionnés ne lui prodiguent aucun répit.

Sa maladie éprouve rudement la vivacité des enfants

Et les immerge dans un profond chagrin.

Maintenant, il n'a aucune force pour cracher

Ces massives secrétions jaunâtres ou verdâtres, baignées de sang

Et qui amenuisent sa respiration

Coupent son appétit

Et enlèvent son sommeil.

Parfois, le sang coule de sa bouche

Comme de l'embouchure d'une rivière.

Sa vie s'égrène au fil des jours.

Ordonnances médicales,

Recettes familiales,

Plats spéciaux,

Et soins attendris

Ne sont que feu de paille.

En outre, le spectre de la contagion plane sur le foyer

Et finit par ébranler la sérénité familiale

Et desserrer les liens conjugaux.

La maladie de Fleuriot consume avidement

Les ressources des Beaujour:

Compte d'épargne, poulailler, bétail et jardins.

Le destin de tout un chacun reste suspendu à un fil très ténu.

Le bras droit familial ayant failli, Madame Fleuriot a du endosser

Un amoncellement de dettes pour apporter le pain quotidien.

Elle remplit le rôle de père et mère,

Médecin et infirmière,

Jardinière et fermière.

Face à cette situation désespérée,

Elle essaie de placer les enfants en domesticité.

Mais, l'un après l'autre,

Sous un prétexte ou un autre,

On lui signifie un refus sans appel.

La stigmatisation de la tuberculose pèse très lourd.

Les misères d'une pauvre mère

N'instillent la moindre étincelle de pitié.

Pourtant, ces déceptions amères

N'ébranlent nullement ses convictions.

Souvent, à la fin d'une journée éreintante,

Elle se recueille au balcon pour

Contempler le coucher du soleil et ressasser:

« Dieu est bon, tout ira bien. »

Néanmoins, nul ne peut échapper à la volonté divine,

Reconnait-elle.

Trois jours écoulés, une aurore funeste augure le samedi quinze mars!

De gros nuages endeuillés couvrent le village

Et déversent des larmes de pluie cinglante et glaciale.

Six mois à peine, la tuberculose terrasse Fleuriot Beaujour

A l'âge de trente ans.

Tous les habitants du village assistent à la veillée

Et aux funérailles.

Mais le curé brille par son absence,

Sous prétexte de la maigre contribution familiale à la quête dominicale.

Les portes de la chapelle restent bouclées

Et les cloches muettes.

De son côté, le sacristain s'éprit de pitié

Et décide d'épouser la cause de la famille Beaujour et du village éplorés.

En peu de temps, il s'arrange de son mieux

Pour célébrer la cérémonie funéraire

Au cimetière.

Sur le parcours, les dignitaires du bourg

Prient à haute voix

Et se relayent pour épauler la bière

Jusqu'à la demeure dernière.

Femmes et enfants joignent leurs voix

Pour se lamenter, chanter et prier.

La famille Beaujour ne peut sécher ses pleurs.

Le sacristain lit la bible et délivre son sermon.

En guise d'hommage

A cet illustre personnage

Et fervent serviteur du Seigneur,

Le chef de la section communale

Prononce l'oraison funèbre

Et plante lui-même une croix de bois

A l'emplacement du cercueil.

Dans son séjour éternel, Fleuriot sera

Plus riche que les richissimes de la terre

Et guéri de toute maladie!

X

Entre temps, son trépas entraine derrière lui

Un cortège de vicissitudes et de douleurs.

Dans ce nouveau contexte, la famille Beaujour

Dépend presque totalement de ses voisins

Pour survenir aux plus élémentaires besoins.

L'un donne

A manger.

Un autre transporte

Les enfants à l'école.

Et encore un autre acquitte le bordereau d'écolage.

Cette défaillance économique blesse la fierté de la famille endeuillée.

Cependant, six mois plus tard,

Les réserves financières des voisins tarissent

Et leur support s'effondre

Comme un amas de feuilles desséchées.

Les enfants passent des journées entières, le ventre creux,

Isolés entre quatre murs dégarnis,

Sans la moindre distraction.

De leur côté, oncles et tantes vaquent à leur occupation,

Se préoccupant mollement de leurs neveux et nièces,

Et qui sait peut-être,

Oublient déjà leur frère disparu.

Si les justes ont tort en ce bas monde,

Ils ont tout à fait raison dans l'autre monde.

XI

Pour sa part, madame Beaujour se consacre à raffermir le nœud familial

Afin que le désespoir ne sape le moral.

Elle englobe toutes les responsabilités pécuniaires et parentales.

Grâce au concours d'une ancienne accointance,

Elle parvient à se caser comme cuisinière

Dans une auberge toute proche.

Désormais, elle laisse la maison à l'aube

Et rentre très tard dans la soirée,

Clopin-clopant, le visage flétri, et les yeux mi-clos.

Dans un état piteux,

Elle doit mettre le pot au feu

Afin d'assouvir la faim qui tenaille les enfants

Maigrichons et souffreteux.

Leur visage se baigne de pleurs

Quand ils décèlent l'essoufflement

De madame Beaujour

Devant la chaudière.

En fin de soirée, elle tombe de sommeil sans même

Goûter à la collation qu'elle vient de préparer.

Tiraillée entre la nécessité de trimer

Et sa responsabilité maternelle,

Elle ne ferme les yeux

Que pendant deux ou trois heures.

Elle se rapetisse de jour en jour

Et parle de moins en moins.

La nuit, elle frissonne de sueurs profuses

Et se retire pour tousser.

Un jour, Delphine la surprend à cracher du sang

Dans un coin reculé de la maison

Et réalise aussitôt que sa maman filait

En pente douce vers le fond de l'abîme.

Cette prémonition allait se concrétiser

En quelques jours!

Madame Beaujour

S'en va pour toujours

A l'âge de vingt-quatre ans.

XII

A la mort de Madame Beaujour, oncle Fribon et tante Pétula

Héritent donc un accablant fardeau.

Ils butinent çà et là, jour et nuit,

Pour rapprocher les deux bouts.

Ainsi, un matin, celle-ci déclare à Delphine :

« Aujourd'hui, c'est le grand jour »,

Insinuant qu'elle doit emporter ses pénates

Chez une famille aisée de la ville

Qui l'accepte comme « Restavèk ».

Tante Pétula se sentait écartelée

Entre le dénuement de la maison

Et une meilleure opportunité

Pour sa nièce orpheline.

Une virulente appréhension tourmente Delphine.

Elle se déplace comme un mulet surchargé.

A l'idée de laisser son patelin, ses frères et sœurs, parents et amis,

Elle sent tout son univers s'écrouler,

Et laisse couler un torrent de larmes sur son visage.

Tante Pétula feint la sourde oreille.

Elle se concentre plutôt

Sur les préparatifs mis en branle

Dans un tohu-bohu.

Par des gestes robotiques,

Elle décroche un à un les vêtements de Delphine de l'armoire,

Pour les placer dans une mallette de fer-blanc.

Au fond, elle enfouit les précieuses étrennes,

Deux sous-vêtements flambant neuf, un habit de soirée en satin blanc,

Ainsi que la robe noire portée aux funérailles de ses parents.

Ensuite, elle aménage une place spéciale pour la bible

Octroyée par Mademoiselle Merlaine, la maîtresse de l'école du dimanche,

Le dernier carnet scolaire,

Et quatre petites billes de verre,

Léguées par son frère ainé.

Chaque bille représente un enfant de la famille.

Grandfils en confie la garde à Delphine et lui fit jurer

De les préserver en lieu sûr

Jusqu'au jour de leurs retrouvailles.

Delphine les visualise comme quatre nœuds

D'une seule et même corde, impossibles à délier.

La mallette remplie, tante Pétula somme Delphine

De laisser ses jouets, car promet-elle,

Ses cossus amphitryons les remplaceront sans problème.

Elle lui promet aussi qu'ils l'habilleront comme une princesse.

« Juste le strict nécessaire, absolument pas de jouets!

Tu porteras tes chaussures noires,

Les seules qui soient encore en bon état».

En dépit de ses atermoiements, tante Pétula reste immuable.

Ainsi, elle écarte Clara, la poupée adulée,

Son dernier cadeau de Noel, sa fidèle compagne, et sa princesse.

Ayant décelé les pieds de Clara

Derrière le dos de Delphine,

Tante Pétula s'empresse de l'arracher.

Ainsi, elle brise le cœur de Delphine en mille morceaux.

« Va-t-elle la revendre au marché?

Peu importe ! »

Avant de laisser son patelin, Delphine salue toute la famille,

Les amis et notables du quartier.

Le cœur lourd, ambulant comme une hébétée,

Elle paie une dernière visite au vieux moulin

Pour épancher son chagrin.

Elle contemple éperdument la plaine de canne à sucre

Que ses parents avaient dû liquider.

Puis, elle étend les mains et lève les yeux vers le ciel

Comme pour interroger son destin.

Enfin, elle mouille la pointe des pieds dans la rivière en murmurant :

« Je reviendrai. »

Elle abandonne son âme, ses passions et ses joies enfantines.

XIII

Par un samedi matin de Septembre,

Delphine arrive sans encombre

Chez madame Anna,

Accompagnée de tante Pétula.

Ce jour-là, sa vie tourne à

Cent quatre-vingt degrés.

Madame Anna est une femme pimpante,

Au regard de lynx.

Son parfum envoûtant, son rouge à lèvres reluisant,

Ses bijoux et son vernis éclatants,

Fascinent Delphine.

A deux pas, elle s'arrête net, toise la jeune fille

Et lui demande son nom.

Après une brève hésitation,

Delphine réplique que le nom inscrit

Sur son acte de naissance est Rose Delphine

Mais qu'on l'appelle simplement, Delphine.

« Très bien », renchérit Madame Anna,

« Delphine, ça me suffit, d'autant plus que ma fille se nomme aussi Rose.

Elle est la seule personne habilitée à être appelée

Ainsi dans cette maison.

Désormais, je t'interdis formellement de mentionner à quiconque

Que tu portes le même nom que ma fille».

A partir de cet instant, l'identité de Delphine

Commence à s'effriter.

XIV

Elle prend connaissance des deux filles de Madame Anna,

Rose et Nellie, et de leur gouvernante, Ursula.

Celle-ci l'introduit dans la cabane retirée

A l'angle nord-ouest de la grande cour

Et réservée aux servantes.

Au premier abord, Ursula, femme au visage rondelet

Et aux yeux couleur amande, lui inspire confiance.

Elle porte une longue et large jupe bleue Madras,

Surmontée d'un corsage blanc.

Un foulard rouge s'enroule sur sa tête

Et occulte ses cheveux grisonnants.

Son tablier impeccable et de taille moyenne

Trahit une obésité à double contour.

En signe de tendresse, elle incline le visage

Pour exhiber deux rangées de dents blanches comme le lait.

A travers ses gestes les plus anodins,

Elle charrie un message de réconfort.

En un clin d'œil, Delphine entre en possession de sa chambrette

Et dépose ses bagages.

Sa gorge est si sèche et si serrée qu'elle ne peut décrocher le moindre mot.

Elle se sent perdue, minée par la nostalgie, s'affaisse sur le lit,

Et s'évanouit dans un sommeil émaillé de cauchemars.

Elle se retourne à tribord et à bâbord.

Par moments, elle se voit emprisonnée dans une caverne.

Une minute plus tard, les eaux impétueuses de la rivière Ravine

L'emportent à la mer.

A chaque périple, elle échappe à la mort d'un poil de cheveu.

Le lendemain lorsqu'elle se lève,

Une journée débordante

De travaux contraignants, suffocants et abêtissants,

Assèche sa peau jusqu'à la dernière goutte de sueur.

Réveil à cinq heures du matin

Et coucher à dix heures du soir!

On l'appelle par-ci par-là.

Elle va de bas en haut,

De gauche à droite,

Tourne et retourne,

Court et saute.

XV

Cependant, la tâche la plus rébarbative à son égard

Est d'apporter à l'école un repas chaud chaque midi

Aux filles de Madame Anna.

Pour ce, Delphine doit parcourir cinq kilomètres en ville.

Quant aux filles,

Elles empruntent le chemin de classe en voiture.

Un vendredi de Décembre, comme à l'accoutumée,

Delphine se rend à l'école

Et se poste devant la barrière principale

Quinze minutes avant la récréation du midi.

Dans une chaleur époustouflante,

Au milieu d'une foule compacte et grouillante,

Elle attend à perdre haleine

Le son de cloche de la sortie.

Mais ce jour-là, elle ignore que Rose et Nellie

Doivent participer à une répétition théâtrale

Dans le rôle de suivantes de la reine Esther.

Elle les cherche au cafeteria,

A la bibliothèque,

Sur la cour,

Et au gymnasium.

Pas l'ombre des filles !

Passée l'heure de la récréation,

Elle ne sait où se donner la tête.

Tiraillée par un affreux dilemme,

Elle se résigne à attendre la sortie de quatre heures,

Car elle a peur

D'affronter la colère et les coups de madame Anna.

Celle-ci la sermonne avant son départ:

« Gare à toi, vermine, si les enfants ratent leur lunch! »

A la fermeture du cafeteria, le gardien intime à Delphine

L'ordre de vider les lieux.

Encore une fois, elle va s'acoquiner

A la barrière principale.

Encore une fois, elle reste bredouille.

XVI

A quatre heures, l'école est déserte,

Le gardien ferme la barrière.

Etouffée d'angoisse, clouée d'incertitude,

Figée par la crainte,

Delphine se sent déjà couverte de meurtrissures.

De chaudes larmes bouillonnent sur son visage.

Alors, un violent coup de tonnerre la réveille en sursaut.

Elle regarde le ciel et aperçoit de gigantesques nuages gris

Se déployer sur la ville et l'envelopper dans des épaisses ténèbres.

Tout de suite, des gouttes serrées de pluie

Martèlent les toits.

Pour atteindre la maison, Delphine doit

Franchir la rivière La Ravine

Avant la montée des eaux en crue.

Néanmoins, l'absence de Nellie et Rose estompe cet essaim d'idées

Qui assaillent sa conscience.

Elle prie Dieu de les épargner.

Désormais, elle ne se soucie guère

Des châtiments que peut lui réserver Madame Anna,

Ni des périls du torrent,

Ni de l'orage, ni de la tempête,

Ni de son propre sort.

XVII

Elle file en trombe à travers les rues dépeuplées,

Luttant avec sa force vacillante contre les rafales du vent.

Arrivée à hauteur de La Ravine,

Elle demeure pétrifiée devant la fureur des flots

Et l'avalanche de détritus.

Quand elle s'apprête à traverser la rivière,

Un grondement effréné et lugubre retentit.

L'eau monte rapidement aux genoux

Et renverse Delphine.

Elle se noie, se relève et retombe.

Dans son for intérieur,

Delphine récite ce verset du prophète Esaïe,

Appris autrefois à l'école du dimanche :

« Si tu traverses les eaux, je serai avec toi et les fleuves,

Ils ne te submergeront point ».

Dieu exauce sa prière.

Elle nage à la brasse

Et parvient à se faufiler sur la rive opposée.

Cependant, il lui reste une étape décisive:

Franchir le pont qui mène à la maison de madame Anna.

Malmenée par la tornade et criblée par une rafale de pluie,

Delphine devient complètement déboussolée.

Elle avance vers le pont à pas millimétrés.

Après une trentaine de minutes,

Le visage voilé par les larmes,

Elle entrevoit la maison.

Arrivée devant la galerie, elle crie à tue-tête:

«Ursula! Ursula! »

Mais sa voix se meurt dans l'obscurité.

Alors, elle frappe à la porte.

Point de réponse!

Vaincue par la fatigue,

La faim,

La soif,

Et le désespoir,

Elle s'écroule sur le perron.

XVIII

Dans un vacarme ahurissant,

La rivière atteint la pointe des crues torrentielles,

Se déferle à travers les rues et inonde les maisons.

La résidence de madame Anna se transforme en une immonde piscine.

Meubles, objets divers, nourriture, bétail et êtres humains,

Pataugent ensemble.

Avec une furie implacable,

L'eau défonce portes et fenêtres,

Et propulse Delphine du perron

Jusqu'à la chambre des enfants.

_Delphine ! Delphine ! Au secours ! crient Nellie et Rose.

_Rose ! Nellie ! Dieu merci ! réplique Delphine.

_ Oh ! Seigneur ! Je me meurs, exhale Madame Anna!

En un éclair, l'eau s'accumule à hauteur de la fenêtre.

La frayeur poignarde à la gorge

Et coupe court aux hurlements.

Par un heureux hasard, Delphine parvient à ouvrir la porte arrière

Et forger un passage à ce déluge

A travers la baie.

Au fur et à mesure que s'égrènent les heures,

Le niveau d'eau baisse dans la maison.

Madame Anna soulève sa robe en lambeaux,

Sort de sa chambre

Et arrive à se dégager à travers ce brouhaha.

Trois minutes plus tard, surgit Ursula,

Les cheveux ébouriffés, la bouche béante,

Projetant un regard circulaire dans la chambre.

_Merci Papa Bon Dieu ! Vous nous avez toutes sauvées!

XIX

Soudain, Madame Anna dirige les yeux

Vers un coin de la chambre à coucher.

Elle devient foudroyée quand elle dénote la disparition de la table de nuit,

Car c'est là qu'elle enferma son pécule.

Elle nourrit une aversion mystérieuse pour les banques.

A son grand dam, les portes et fenêtres défoncées

Exposent le délabrement de la maison,

Vidée de son chic mobilier.

Seul, au centre de la chambre à coucher,

Le grand lit titube sur ses jambes fracassées.

Les jours se suivent et ne se ressemblent pas,

Chacun avec son plus lourd fardeau de misères et de douleurs.

L'un après l'autre, les créanciers défilent et brandissent

Factures impayées et verdicts de tribunal.

Madame Anna tremble,

Les enfants pleurent,

Ursula crie,

Et Delphine prie.

Une fois de plus,

Dieu exauce sa prière!

Un lundi matin,

Madame Anna reçoit une décision de justice annulant ses dettes,

Accompagnée d'une lettre d'approbation d'un prêt hypothécaire.

XX

Deux semaines plus tard,

Une fièvre aigue embrase Delphine.

Puis, la toux ébranle sa poitrine.

Enfin, les vomissements ballotent sa tête.

La maladie la transforme en un squelette ambulant.

Ce tableau ahurissant

Stupéfie Madame Anna.

En fin de compte, elle décide

De la congédier.

Maintenant, Ladouceur ressemble plutôt à une zone saccagée

Par des hordes de barbares.

L'inondation avait aussi détruit la maison des Beaujour.

Dans son for intérieur, Delphine pensait se glisser vers l'apocalypse.

Cependant, elle est trop frêle pour balbutier.

Arrivée à destination,

Ursula l'étreint contre sa poitrine pour la consoler.

A ce moment, émerge de la pénombre

La silhouette distinctive d'oncle Fribon.

Tous les soirs, il inspecte les ruines abandonnées de la maison

Avant d'aller se coucher.

_C'est Delphine!

_Oui, Monsieur, rétorque Ursula.

_Que lui-est-il arrivé?

_Sa santé dégringole, réplique Ursula.

En homme au nez fin,

Oncle Fribon appréhende vite la gravité de la maladie.

_Merci, madame! Dieu te le rendra, dit-il.

Il embrasse Ursula sur la joue.

Elle rebrousse chemin rapidement

Pour mieux cacher ses pleurs.

Sans perdre une seconde,

Oncle Fribon hurle d'épouvante:

_Renardeau, Marchaterre, Justapoint, aidez-nous!

Sitôt appelés, sitôt arrivés.

En effet, depuis l'inondation, oncle Fribon et sa famille habitent

Chez monsieur Renardeau dont la bâtisse en briques et ciment

A pu résister au déchainement de la rivière.

Alors, chacun arrive avec son diagnostic et son remède.

Fièvre démontée, casser-les-reins, fendre-foie, et maladie-écorcheuse,

Ainsi s'entrecroisent les opinions les plus tonitruantes.

Le guérisseur essaie une panoplie de recettes.

La sage-femme administre une myriade de comprimés.

Le masseur frictionne la poitrine

Avec un large éventail d'huiles médicinales.

Pendant ce temps, les amis et membres de la famille

Se démènent çà et là

Vont et reviennent

Et ne tarissent pas de conseils.

Au bout de trois semaines,

Les jointures ankylosées,

Recroquevillée sur son grabat,

Delphine clôt les paupières

Et pousse le dernier soupir

Tandis qu'à l'horizon submergent les rayons tamisés

Et le pâlissant soleil.

Delphine vient de sombrer dans son éternel sommeil.

Elle n'avait que douze ans.

www.ingramcontent.com/pod-product-compliance
Lightning Source LLC
Chambersburg PA
CBHW081402290426
44110CB00018B/2466